AF391299

# NOTICE

SUR UN

# TABLEAU

PAR

# F.-H. DROUAIS

"LA PETITE FILLE AU CHAT"

PROVENANT DE LA SUCCESSION DE M⁰ Vᵉ C. DE P...

*Et dont la vente aura lieu, à Paris*

PAR SUITE DE SON DÉCÈS

## HOTEL DROUOT, SALLE N° 9

### Le Samedi 30 Avril 1904

A QUATRE HEURES

COMMISSAIRE-PRISEUR

**Mᵉ Louis NAVOIT**

55, faubourg Montmartre

EXPERT

**M. Jules FÉRAL**

54, faubourg Montmartre

## EXPOSITIONS

PARTICULIÈRE : *Le Vendredi 29 Avril 1904, de 1 h. 1/2 à 5 h. 1/2.*

PUBLIQUE : *Le Samedi 30 Avril 1904 Jour de la vente de 1 h. 1/2 à 4 h.*

# CONDITIONS DE LA VENTE

Elle se fait au comptant.

Les acquéreurs paieront cinq pour cent en sus du prix d'adjudication.

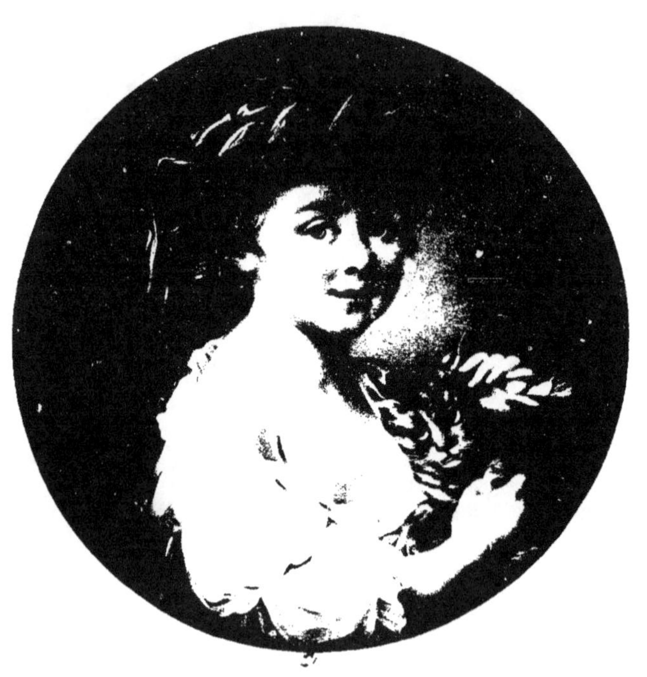

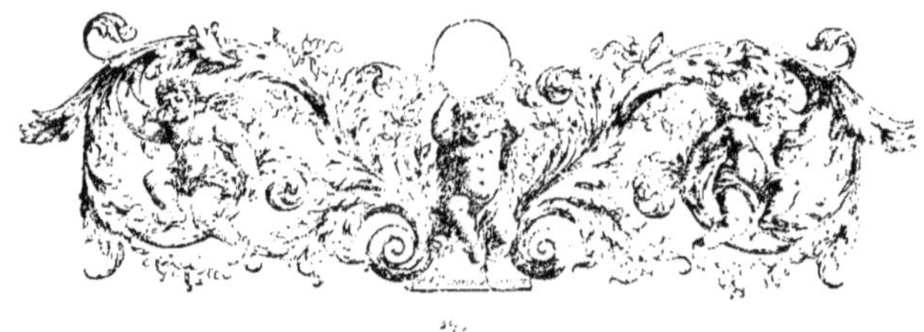

# DROUAIS

(FRANÇOIS-HUBERT)

Paris, (1727-1775)

## *La Petite Fille au Chat.*

Une gracieuse fillette, vue jusqu'à la taille, tournée de trois quarts à droite, le visage souriant au spectateur, joue avec un chat couché sur un coussin rouge, le tenant par la patte et lui tirant l'oreille. Les cheveux relevés, bouclés sur la nuque, elle est coiffée d'un chapeau de dentelle noire, orné d'un ruban bleu pendant sur le dos. Une chemise blanche à plissés, manches courtes et bouffantes, a glissé de son épaule, découvrant sa poitrine.

Signé en toutes lettres et daté : *1767*.

Toile de forme ronde.

Diam.. 48 cent.

Cette aimable figure, d'une grâce naïve et charmante, d'un faire large et facile, de la plus délicate harmonie de couleurs, est une belle œuvre du maître, dans un parfait état de conservation.

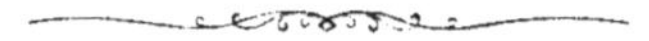